Eu amo o
HARRY
Você é fã número 1 dele?

Eu amo o
HARRY
Você é fã número 1 dele?

Tradução de
Patrícia Azeredo

1ª edição

Rio de Janeiro | 2013

CIP-BRASIL. CATALOGAÇÃO NA PUBLICAÇÃO
SINDICATO NACIONAL DOS EDITORES DE LIVROS, RJ

A54   Eu amo o Harry: você é fã número 1 dele? / Jim Maloney ... [et al.] ;
       tradução Patrícia Azeredo. – 1. ed. – Rio de Janeiro: BestSeller, 2013.

       il. (Eu amo one direction)
       Tradução de: I love Harry
       ISBN 978-85-7684-715-1

       1. Ficção infantojuvenil americana. I. Maloney, Jim. II. Azeredo, Pa-
       trícia. III. Série.

13-00158   CDD: 028.5
                                                                  CDU: 087.5

Texto revisado segundo o novo Acordo Ortográfico da Língua Portuguesa.

Título original Inglês
I LOVE HARRY
Copyright © 2013 by Buster Books
Copyright da tradução © 2013 by Editora Best Seller Ltda.

Publicado primeiramente na Grã Bretanha em 2013 pela Buster Books, um selo da
Michael O'Mara Books Limited.

Capa original adaptada por Gabinete de Artes
Editoração eletrônica: Abreu's System

Todos os direitos reservados. Proibida a reprodução,
no todo ou em parte, sem autorização prévia por escrito da editora,
sejam quais forem os meios empregados.

Direitos exclusivos de publicação em língua portuguesa para o Brasil
adquiridos pela
Editora Best Seller Ltda.
Rua Argentina, 171, parte, São Cristóvão
Rio de Janeiro, RJ – 20921-380
que se reserva a propriedade literária desta tradução

Impresso no Brasil

ISBN 978-85-7684-715-1

Seja um leitor preferencial Record.
Cadastre-se e receba informações sobre nossos lançamentos e nossas promoções.

Atendimento e venda direta ao leitor
mdireto@record.com.br ou (21) 2585-2002

Sobre este livro	7	Role o dado	50
Escrito nas estrelas	8	Encontro dos sonhos	52
Forever Young	13	Todas as direções!	54
Doces tuítes	16	Universo do Twitter	56
Mico!	17	Uma aventura de arrepiar os cabelos	57
Encontro com o astro	19	O que você prefere?	71
Fatos fantásticos!	23	Linha do tempo do fã de verdade	73
Favoritos	26	Superfãs	77
Verdadeiro ou falso?	29	Entrevista exclusiva	80
Qual é a sua música-tema?	32	Adivinhe quem é	89
Qual foi a pergunta?	34	Muito Styloso	92
Stole my heart	37	Sonhe alto	96
Last First Kiss	41	Manchetes!	100
A calculadora do amor	44	As dez mais	103
Um dia perfeito	45	Respostas	104

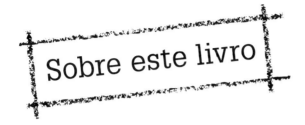

Sobre este livro

Não há dúvida de que você é um Directioner, pois acompanhou a jornada dos garotos ao superestrelato desde o humilde começo no *X Factor* até a dominação mundial!

Mas o garoto que balança o seu coração mais do que os outros é o charme em pessoa, o Sr. Harry Styles.

E aí? Quanto você sabe sobre o seu integrante favorito do 1D? Este livro está cheinho de perguntas, enigmas e curiosidades incríveis para testar seu conhecimento sobre o Harry. E também tem fotos lindas dele para você babar, além de histórias divertidas e muito mais.

Prepare-se para saber tudo sobre o fofo de cabelo encaracolado e descubra se você é realmente um superfã.

Harry é extraordinário!

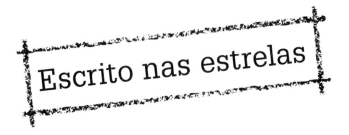

SAIBA O QUE O SIGNO DIZ A SEU RESPEITO E DESCUBRA COMO VOCÊ PODERIA ENTRAR NA VIDA DO SEU INTEGRANTE FAVORITO DO 1D COM A AJUDA DESTE SENSACIONAL HORÓSCOPO DO HARRY.

 ÁRIES (21 de março a 20 de abril)
Você tem ambição, gosta de aventura e não teme correr riscos; sempre vê o todo e quer deixar sua marca no mundo. Em relação ao Harry, você poderia ser:

Diretor de criação
Sua confiança e seu entusiasmo naturais inspirariam o Harry a tomar decisões importantes na vida sob os holofotes.

 TOURO (21 de abril a 21 de maio)
Todos precisam de alguém confiável, leal e forte na vida, e é isso que torna você tão especial... e útil! Além do mais, você tem um talento nato para deixar as bobagens de lado e agir. Em relação ao Harry, você poderia ser:

Assistente pessoal
Suas habilidades de organização e sua estabilidade o tornariam a pessoa ideal para organizar a vida agitada do Harry. Para isso seria preciso estar ao lado dele o tempo todo.

GÊMEOS (22 de maio a 21 de junho)
Quantas habilidades! Você é inteligente, para cima, tem empolgação e adora falar em público. Em relação ao Harry, você poderia ser:

Assessor de imprensa
Seu jeito com as palavras e o senso de humor ácido deixariam até o jornalista mais radical apaixonado pelo Harry.

 CÂNCER (22 de junho a 23 de julho)
Você tem uma natureza protetora, carinhosa e responsável, e cuida muito bem dos outros. Em relação ao Harry, você poderia ser:

Empresário
Sua cabeça fria permite lidar com questões tanto pessoais quanto profissionais e garantir que o Harry esteja sempre feliz com a carreira e a vida.

 LEÃO (24 de julho a 23 de agosto)
Confiante e sociável, você gosta de ser o centro das atenções, mesmo se o Harry estiver por perto! Então, qual é a melhor forma de usar essa natureza divertida e exibicionista? Fácil! Em relação ao Harry, você poderia ser:

Coreógrafo
Sua capacidade contagiante de se divertir e animar os outros daria um gás no Harry, ensinando a ele novos passos de dança.

VIRGEM (24 de agosto a 23 de setembro)
Você gosta de observar e fazer análises precisas, além de ter boa memória e ser perfeccionista. Em relação ao Harry, você poderia ser:

Gerente de turnê
Quando os garotos do 1D estão na estrada, vivem uma montanha-russa de emoções e precisam de alguém para mantê-los na linha e animá-los quando bater uma saudade de casa. E você é a pessoa certa para isso!

 LIBRA (24 de setembro a 23 de outubro)
Fácil de lidar e diplomático, você se dá bem com as pessoas e tem fama de pacífico, pois consegue ver os dois lados de uma discussão. Em relação ao Harry, você poderia ser:

Melhor amigo
Sempre que o Harry precisar de apoio, bons conselhos, um ombro para chorar ou apenas alguém com quem se divertir, você estará ao lado dele.

 ESCORPIÃO (24 de outubro a 22 de novembro)
Leal e generoso, você gosta de flertar e de estar no controle de qualquer situação. Em relação ao Harry, você poderia ser:

Cabeleireiro
Você tem o papel crucial de manter o que há de mais importante no Harry! Esse cabelo é adorado por Directioners no mundo inteiro, então cuidar muito bem dele é fundamental.

SAGITÁRIO (23 de novembro a 21 de dezembro)
Você adora mudanças, bem como explorar novos lugares e fazer novos amigos. Além disso, é tagarela, gentil e carinhoso. Em relação ao Harry, você poderia ser:

Companheiro de viagem
Fazer as pessoas felizes é um dos seus principais objetivos na vida, e você certamente tornaria as viagens do Harry divertidas e sem estresse.

 CAPRICÓRNIO (22 de dezembro a 20 de janeiro)
Você não tem medo de sonhar alto, mas também é responsável e paciente. Em relação ao Harry, você poderia ser:

Contador
Seu trabalho seria cuidar do dinheiro do Harry. Comprar uma casa em um determinado momento, um carro no outro e também pensar no futuro dele. Pode ser bem divertido!

 AQUÁRIO (21 de janeiro a 19 de fevereiro)
Sua natureza afetuosa faz com que você se preocupe com os outros. Esse jeito altruísta será perfeito para ajudar o integrante do 1D a ajudar os outros. Em relação ao Harry, você poderia ser:

Organizador de campanhas beneficentes
Harry gosta de ajudar os necessitados, igualzinho à mãe dele, Anne. E sua criatividade geraria formas empolgantes e desafiadoras de arrecadar um monte de dinheiro para uma boa causa.

★ **PEIXES (20 de fevereiro a 20 de março)**
Sonhador, sensível e criativo, você pode ter certa timidez, mas é sempre leal e gentil. E gosta de usar o cérebro de formas criativas. Em relação ao Harry, você poderia ser:

Designer
O palco do 1D é uma tela em branco esperando pelo seu talento. Com a sua criatividade e imaginação maravilhosas, você adoraria o desafio de criar um cenário espetacular para as apresentações do Harry.

—————————— EU AMO O HARRY ——————————

NO FUNDO, O HARRY AINDA É UMA CRIANÇA, MAS
QUANTO VOCÊ SABE SOBRE A VIDA DELE ANTES DA
FAMA? FAÇA O TESTE E DEPOIS CONFIRA AS RESPOSTAS
NA **PÁGINA 104** PARA DESCOBRIR.

1. Qual é o nome do amigo do Harry que foi baterista da White Eskimo, sua banda nos tempos de escola?
   a. Will Swinton
   b. Will Sealey
   c. Will Sweeny

2. Uma vez, Harry e o colega de escola Will levaram bronca em um supermercado por gritarem:
   a. "Carrinho!"
   b. "Meleca!"
   c. "Salsicha!"

3. Qual o nome da irmã do Harry?
   a. Jenny
   b. Gemma
   c. Janey

4. Qual foi a primeira música inteira que o Harry aprendeu a cantar?

a. "Girl of My Best Friend", do Elvis Presley

b. "Yellow Submarine", dos Beatles

c. "Honky Tonk Woman", dos Rolling Stones

5. Qual foi a primeira música tocada pelo White Eskimo na Batalha de Bandas da escola?

a. "Summer of 69", do Bryan Adams

b. "School's Out", do Alice Cooper

c. "Surfin' USA", dos Beach Boys

6. Existe uma fotografia do Harry quando criança fazendo uma pose "mostrando o muque" e usando qual peça de roupa da mãe?

a. Sutiã

b. Chinelos

c. Meia-calça

7. Um dos brinquedos favoritos do Harry na infância era:

a. Um trenzinho

b. LEGO

c. Um G.I. Joe

8. O que o Harry diz que fazia na escola porque era engraçado?

a. Caretas

b. Andar igual a um pinguim

c. Mostrar a bunda

9. A primeira apresentação do Harry, aos 4 anos, foi em uma peça da escola interpretando um animal chamado Barney. Que bicho ele era?
   a. Uma coruja
   b. Um cachorro
   c. Um rato

10. De acordo com a mãe, Anne, que cores Harry escolheu para o seu quarto?
   a. Preto e branco
   b. Marrom e creme
   c. Rosa e laranja

11. Quando era pequeno, Harry era muito criativo com a comida. O que ele fazia?
   a. Bonecos de neve com o purê de batatas
   b. Arrumava a comida no prato para que ficasse parecida com uma carinha sorridente
   c. Desenhava no pão com corante alimentar, depois o torrava e comia

12. Em qual escola Harry cursou o ensino médio antes de participar das audições para o *X Factor*?
   a. Holmes Church Comprehensive
   b. Holmes Chapel Comprehensive
   c. Holmes Manor Comprehensive

Doces tuítes

TODOS NÓS SABEMOS QUE O HARRY É MUITO POPULAR NO TWITTER E QUE GOSTA DE FALAR DO SEU AMOR POR FÃS, FAMÍLIA E AMIGOS ATRAVÉS DA INTERNET. AQUI ESTÃO ALGUNS DOS SEUS MAIS DOCES TUÍTES:

- Trabalhe Muito. Divirta-se Muito. Seja Gentil.
- Estou muito animado hoje :) Tenho muita sorte pela minha vida... obrigado a todos os fãs que nos colocaram aqui. Ah, e achei meu chinelo!
- Novo dia... Seja legal com as pessoas!! :)
- Arco-íris e sorrisos :)
- Bom dia! Acordei com um rodamoinho no cabelo... legal.
- Feliz Dia dos Namorados!! Não estaríamos aqui se não fossem vocês... e amamos vocês por isso. Espero q todos tenham um ótimo dia! Oui Oui!! .bjs
- Por que tudo fica mais gostoso quando vem em uma garrafa em forma de urso?
- Muito orgulho da minha mãe hoje, ela está voltando para casa depois de chegar ao topo do monte Kilimanjaro. Obrigado a todos que doaram!!

Mico!

PODE PARECER QUE O HARRY NÃO FAZ A MENOR FORÇA PARA SER DESCOLADO, MAS ATÉ ELE VIVE SITUAÇÕES CONSTRANGEDORAS! LEIA ESTAS HISTÓRIAS DE DEIXAR QUALQUER UM VERMELHO E DECIDA SE ELAS SÃO UM MICO DE VERDADE OU UM FRACASSO FALSO. VEJA AS RESPOSTAS NA **PÁGINA 104**.

1. Enquanto esquiava nas férias com Louis, Harry foi abordado por um casal de turistas que apontou uma câmera para os dois. Imaginando serem fãs do One Direction, Harry e Louis posaram abraçados, mas morreram de vergonha quando um dos turistas explicou: "Não, queremos que vocês tirem uma foto *nossa*."

☐ Mico de verdade   ☐ Fracasso falso

2. Durante a turnê da banda na Nova Zelândia, Harry correu pelo corredor de um hotel usando sunga, máscara de mergulho e boias de braço, mas ficou a ver navios quando os colegas do One Direction o trancaram do lado de fora do quarto. Harry ficou escondido atrás de um vaso até eles terem pena e o deixarem entrar!

☐ Mico de verdade   ☐ Fracasso falso

3. O Harry se empolgou demais enquanto comia frutas em uma sessão de fotos. Estava devorando mirtilos quando ficou com um entalado na garganta e acabou engasgando.

☐ Mico de verdade   ☐ Fracasso falso

4. Uma vez, o Harry passou o dia inteiro usando uma calça jeans nova, e só à noite descobriu que ela ainda estava com a etiqueta do preço.

☐ Mico de verdade   ☐ Fracasso falso

5. Depois de uma festa na casa do vocalista do JLS, Marvin Humes, Harry estava tão cansado que se acomodou na caminha do cachorro e dormiu!

☐ Mico de verdade   ☐ Fracasso falso

6. No aeroporto de Heathrow, com os garotos do 1D, Harry beliscou a bunda do Louis de brincadeira, mas descobriu que não era o colega de banda e sim um desconhecido!

☐ Mico de verdade   ☐ Fracasso falso

7. A lembrança mais constrangedora do Harry relacionada aos tempos de escola é de quando sua mãe apareceu durante um jogo de futebol e parou tudo para colocar um casaco nele!

☐ Mico de verdade   ☐ Fracasso falso

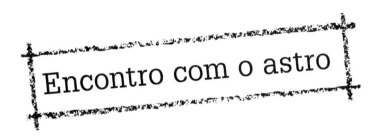

Encontro com o astro

VOCÊ PARTICIPOU DE UM PROGRAMA DE TV CUJO PRÊMIO ERA PASSAR UM DIA COM O HARRY STYLES... E GANHOU! CRIE O DIA DOS SEUS SONHOS PREENCHENDO AS LACUNAS NA HISTÓRIA ABAIXO. USE AS IDEIAS QUE ESTÃO ENTRE PARÊNTESES OU DÊ ASAS À IMAGINAÇÃO!

Na manhã do grande dia, uma limusine preta estaciona na frente da sua casa. Todos os vizinhos o veem sair de casa com um imenso sorriso. O motorista abre a porta do carro para você entrar atrás. Quem está lá esperando é o Harry.
Ele sorri e te entrega ....

.... (uma taça de suco de laranja com gás / um buquê de flores / uma caixa de bombons).

A limusine sai tão devagar que você nem percebe. A empolgação e o nervosismo são tamanhos que você não consegue falar, mas o Harry te acalmar, dizendo:

— .... (Eu sou o Harry, prazer em te conhecer / Você caprichou no visual / Vai ser um dia divertido!).

— Então, para onde a gente vai? — você pergunta.
O Harry dá um sorriso e diz:

— É segredo.

Isso é simplesmente incrível. Você está mesmo em uma limusine ao lado do Harry, que está vestindo .... (um smoking branco com gravata-borboleta / camiseta, blazer e calça jeans skinny / camiseta, jeans e gorro). Você queria que todo mundo visse, mas o carro tem insulfilm e só vocês veem o que acontece lá fora. Pelo menos têm privacidade!

Harry se inclina na sua direção e .... (dá um abraço amigável / faz um cumprimento de bater com a mão / sussurra, dizendo que está ansioso para passar o dia com você).

— Não tem motivo para nervosismo — ele sorri.

A limusine estaciona e o motorista abre a porta para vocês.

— Chegamos — diz Harry.

— Onde? — você pergunta.

— Achei que você gostaria de .... (ir ao cinema / fazer compras / patinar no gelo / nadar / dar uma longa caminhada no campo).

Você se diverte tanto que o tempo voa. Harry sugere comer alguma coisa. E você escolhe o lugar. Sua opção é

....

(um restaurante chique / um piquenique romântico no parque / um fast-food, para que todos vejam você com o Harry!).

Depois do almoço, você se pergunta o que vai acontecer.

— Acho que preciso trabalhar um pouco agora — diz Harry.

Você lamenta, mas só até ouvi-lo terminar a frase:

— Queria que você viesse comigo. Vou gravar uma música para o novo disco. Quer conhecer Louis, Zayn, Niall e Liam?

Você se empolga tanto que só consegue balançar a cabeça, parecendo um cachorrinho ansioso!

No estúdio de gravação, o Harry apresenta o restante do One Direction. Você os vê gravar a música nova e mal pode esperar para contar a todos os seus amigos!

Então, o Harry chega e, de surpresa, pergunta se você toparia fazer um vocal de apoio. Você nem acredita: vai participar da música nova deles!

— Foi sensacional — elogia o Harry, depois da gravação. Para sua alegria, ele acrescenta:

— ....

(Você tem uma voz linda / Você é muito legal / O Louis disse que você deveria me substituir no One Direction!).

— Tem alguma coisa que você gostaria de me perguntar? — diz Harry.

Você pergunta ....
.... (qual é o melhor lugar que ele já visitou / qual é o melhor prato que ele prepara / qual foi o melhor presente de Natal que ele já ganhou).

Ele responde:

— ....

— Foi um dia maravilhoso — diz ele. — Gostou?

— .... —

você responde.

— Vou chamar a limusine para te levar para casa — avisa Harry. Você sorri, meio triste. Foi realmente um dia maravilhoso, mas tudo o que é bom acaba.

— Afinal, você precisa descansar e se preparar para voltar mais tarde — avisa o Harry, com um sorriso. Em seguida, ele te entrega um envelope dourado. Você abre e encontra uma carta, que diz: Você está convidado para ....
.... (o show do One Direction hoje à noite / a estreia de um filme com Harry e o One Direction / uma festa cheia de celebridades com o Harry).

Que dia! E a noite promete ser ainda melhor!

Fatos fantásticos!

MUITO BEM, SUPERFÃ, É HORA DE TESTAR OS SEUS CONHECIMENTOS. LEIA OS FATOS ABAIXO E MARQUE OS QUE VOCÊ JÁ SABIA. NÃO VALE ROUBAR, HEIN? VEJA QUAL É O SEU STATUS DE SUPERFÃ NA **PÁGINA 25**.

☐ O Harry, o Liam e o Niall foram vítimas de uma pegadinha no Nickelodeon quando uma atriz, se passando por produtora de TV e usando uma barriga falsa de grávida, fingiu entrar em trabalho de parto pouco antes de eles serem entrevistados. O Louis e o Zayn sabiam da brincadeira e mal conseguiram conter o riso. O Harry caiu direitinho e foi quem ficou mais ansioso, gritando: "Por que não tem ninguém aqui? Alguém pode nos ajudar?"

☐ O Harry criou o nome One Direction.

☐ O Harry fez uma participação especial no clipe da música do amigo Ed Sheeran, "Drunk", que foi gravado em uma casa noturna de Londres.

☐ Hoje em dia, não há dúvidas de que ele é um cara criativo, mas uma vez o Harry teve um hamster que decidiu batizar de... ãhn... Hamster.

☐ Ele diz que seu pior hábito é o de ficar nu o tempo todo!

- [ ] Toda semana, antes de subir ao palco durante as apresentações ao vivo no *X Factor*, o coitado do Harry ficava tão nervoso que passava mal. Ainda bem que ele conseguiu controlar o medo de palco agora que é um superastro internacional.

- [ ] O Harry ficou envergonhado quando Emma Watson soube que ele tinha saído no meio de uma sessão de *As vantagens de ser invisível* e lhe perguntou o motivo pelo Twitter.

- [ ] Às vezes, o Harry sofre de dor nas costas, e foi aconselhado a fazer pilates uma vez por semana.

- [ ] Todos os garotos do One Direction concordam que o Harry é o melhor cozinheiro da banda.

- [ ] O Harry ia aprender a tocar baixo quando formou sua primeira banda, o White Eskimo. Ele disse aos outros integrantes que não sabia cantar.

- [ ] O Harry comprou um Range Rover Sport preto e um Audi R8 Coupé.

- [ ] Ele é um garoto de múltiplos talentos. Além do estilo vocal incrível, o Harry é um habilidoso equilibrista e também toca um instrumento chamado kazoo!

- [ ] Antes de o One Direction ir à Espanha para a fase da Casa dos Jurados no *X Factor*, todos passaram um tempo na casa do padrasto do Harry para se conhecerem melhor e se unirem como grupo. Foi uma ótima estratégia, pois não só eles deixaram o Simon de queixo caído na audição como também viraram grandes amigos. Awww.

PONTUAÇÃO DE SUPERFÃ

0-4 pontos
Você é novato em termos de Styles e ainda tem muito a aprender sobre o Harry. Mas não se preocupe, é uma matéria muito divertida de estudar.

5-9 pontos
Você é fã mesmo. Harry definitivamente é o seu favorito, mas ainda existe certo ar de mistério. Aproveite para descobrir o máximo que puder sobre ele.

10-13 pontos
Uau! Você é mesmo superfã. Como recompensa pela sua dedicação, assista a mais clipes do 1D!

VOCÊ ACHA QUE SABE DO QUE O HARRY GOSTA? FAÇA ESTE DIVERTIDO TESTE E VEJA SE ESTÁ POR DENTRO DO QUE FAZ A ALEGRIA DO HARRY. CONFIRA SUAS RESPOSTAS NA **PÁGINA 104**.

1. Qual o biscoito preferido do Harry?
   a. Creme de ovos
   b. Aveia
   c. Gengibre

2. De qual sabor de sorvete o Harry mais gosta?
   a. Baunilha
   b. Nozes
   c. Mel

3. A comida predileta feita pela mãe dele é:
   a. Torta de frango com batata chips
   b. Curry
   c. Toad in the hole com molho (prato típico britânico feito com linguiças assadas em uma massa).

4. Ele ficou chocado ao descobrir que Niall nunca tinha visto um dos seus filmes prediletos. Qual era?

a. *Titanic*

b. *O Rei Leão*

c. *Procurando Nemo*

5. A melhor piada do Harry é:

a. O que o peixe faz da vida? Nada.

b. De que lado a galinha tem mais penas? Do lado de fora.

c. Por que os patos não brigam quando estão voando? Porque poderiam levar uma patada e cair.

6. Harry e os outros integrantes do 1D têm muito orgulho de todas as músicas do novo álbum *Take Me Home*, mas qual é a favorita do Harry?

a. "Live While We're Young"

b. "Summer Love"

c. "Heart Attack"

7. Qual a cobertura de panquecas predileta do Harry?

a. Clássica: limão com açúcar.

b. Original: banana com chocolate.

c. Superdoce: sorvete com granulado.

8. Para qual time de futebol ele torce?

a. Manchester United

b. Manchester City

c. Barcelona

9. O que o Harry gosta de fazer, mesmo tendo um pouco de vergonha?
   a. Assistir a *Simplesmente amor*
   b. Ouvir as Spice Girls
   c. Ler *O ursinho Pooh*

10. Em que rede de restaurantes ele gosta de comer quando está de bobeira?
   a. McDonald's
   b. KFC
   c. Nando's

11. Qual é a música predileta do Harry?
   a. "Born in the USA", do Bruce Springsteen
   b. "Flowers in the Windows", do Travis
   c. "Make You Feel My Love", da Adele

12. Sem dúvida, ele tem uma personalidade com vários tons, mas qual é a cor favorita do Harry?
   a. Roxo.
   b. Amarelo.
   c. Laranja.

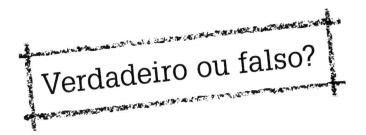

LEIA AS FRASES ABAIXO E DIGA SE ELAS SÃO VERDADEIRAS OU FALSAS, MARCANDO OS QUADRADINHOS. VOCÊ GANHA 1 PONTO A MAIS PELA RESPOSTA FALSA SE SOUBER QUAL INTEGRANTE DO GRUPO ESTÁ RELACIONADO A ELA. DESCUBRA SE ACERTOU NA **PÁGINA 105**.

1. O talento secreto do Harry é ter um polegar extremamente flexível.

☐ Verdadeiro

☐ Falso. É o ....

2. O Harry escorregou e caiu no palco durante uma apresentação de "What Makes You Beautiful" em uma boate londrina.

☐ Verdadeiro

☐ Falso. Foi o ....

3. O Harry assustou os colegas de banda quando dirigia um jipe que levava todo o One Direction para a gravação do clipe de "Live While We're Young". Parte do jipe tombou quando ele passou por um buraco.

☐ Verdadeiro

☐ Falso. Foi o ....

4. O Harry tem o hábito de deixar os óculos escuros caírem no vaso sanitário!

☐ Verdadeiro

☐ Falso. É o ....

5. O Harry é claustrofóbico e sente pânico quando está em locais fechados.

☐ Verdadeiro

☐ Falso. É o ....

6. Durante uma entrevista de rádio na Pensilvânia, EUA, Harry fez piada segurando um pôster da Kim Kardashian com um bilhete colado, onde escreveu: Me liga? ;)

☐ Verdadeiro

☐ Falso. Foi o ....

7. O Louis, que adora uma pegadinha, puxou as calças do Harry para baixo em um posto de gasolina.

☐ Verdadeiro

☐ Falso. Foram as calças do ....

8. Certa vez, um cavalo deu uma cabeçada no Harry e doeu muito!

☐ Verdadeiro

☐ Falso. Foi no ....

9. Na escola, as matérias em que ele se dava melhor eram Inglês, Artes e Teatro.

☐ Verdadeiro

☐ Falso. Eram ....

Qual é a sua música-tema?

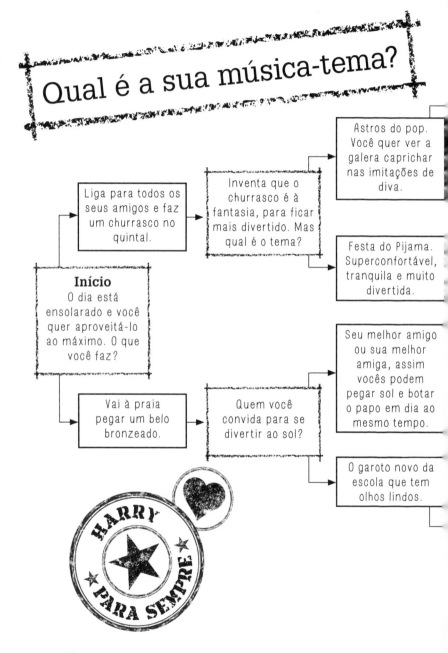

Início
O dia está ensolarado e você quer aproveitá-lo ao máximo. O que você faz?

- Liga para todos os seus amigos e faz um churrasco no quintal.
  - Inventa que o churrasco é à fantasia, para ficar mais divertido. Mas qual é o tema?
    - Astros do pop. Você quer ver a galera caprichar nas imitações de diva.
    - Festa do Pijama. Superconfortável, tranquila e muito divertida.
- Vai à praia pegar um belo bronzeado.
  - Quem você convida para se divertir ao sol?
    - Seu melhor amigo ou sua melhor amiga, assim vocês podem pegar sol e botar o papo em dia ao mesmo tempo.
    - O garoto novo da escola que tem olhos lindos.

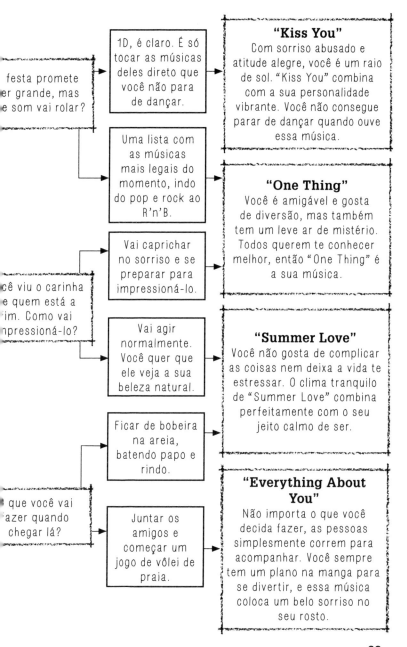

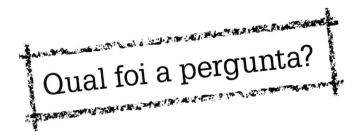

HARRY JÁ RESPONDEU A MUITAS PERGUNTAS EM VÁRIAS ENTREVISTAS. VOCÊ CONSEGUE ASSOCIAR AS RESPOSTAS A SEGUIR ÀS PERGUNTAS DA OUTRA PÁGINA? MAS TENHA CUIDADO! ALGUMAS PERGUNTAS SÃO FALSAS, DE PURA MALDADE. DÊ UMA OLHADA NA **105** E DESCUBRA COMO VOCÊ SE SAIU.

Respostas do Harry:

1. "Sempre vão existir pessoas que agem como se fossem mais amigas suas do que realmente são."

2. "Adoro estar na banda com os outros caras. Não consigo me imaginar como artista solo neste momento."

3. "Na verdade, preciso de um agora!"

4. "Niall, porque ele é muito tranquilo. Parece que está sempre se divertindo. Ele é muito calmo. Acho que passa o tempo todo no mundinho dele."

5. "Peaches Geldof! Ela deve me odiar."

6. "Sim, mas é difícil... Acho que sempre dá para arranjar tempo para o que você quer fazer."

7. "Quem sabe? Na verdade não importa, não é? Porque agora nós somos."

Perguntas:

A. Você gostaria de tirar férias agora?

B. Se você pudesse ser um dos outros integrantes do One Direction por um dia, quem seria?

C. Quem no One Direction ficaria melhor no papel de Tarzan?

D. Você acha que seria amigo dos outros garotos na escola?

E. Você já discutiu com alguma celebridade?

F. Você tem tempo para namorar?

G. Quantos filhos você gostaria de ter?

H. Já se sentiu frustrado por não ser artista solo?

I. Com que frequência você precisa de um abraço?

J. Apostamos que todas as garotas com quem você estudou mantiveram contato. Acertamos?

K. Você já deu o número de telefone errado para alguém?

L. Você pensava que o One Direction faria tanto sucesso?

Anote suas respostas aqui:

1. **2.** **3.** **4.** **5.** **6.** **7.**

HARRY TEM CORAÇÃO MOLE E GERALMENTE DEMONSTRA SEU AMOR PELA FAMÍLIA, PELOS AMIGOS, PELOS FÃS E POR CAUSAS BENEFICENTES. LEIA AS HISTÓRIAS SUPERFOFAS A SEGUIR E AVALIE NO FOFÔMETRO PINTANDO OS CORAÇÕES DE ACORDO COM A TABELA:

FOFÔMETRO

 Awww!

 Que gracinha!

 Superfofo!

 Overdose de fofura!

 Não aguento tanta fofura!

Harry pode ter fama de pegador, mas tem bom coração. "Gosto de garotas, mas prefiro ter uma namorada. Gosto de ter uma pessoa para mimar, para ligar no meio da noite e conversar. Gosto de ser íntimo assim de alguém."

O One Direction passou um dia com crianças gravemente doentes em um hotel de Londres, distribuindo abraços apertados, batendo papo, tirando fotos e autografando livros para dar de presente. Harry ficou impressionado com a força das crianças. "Elas sofreram muito, e mesmo assim têm uma atitude incrível em relação à vida."

Niahm, uma menina de 7 anos, de Leeds, sofreu queimaduras graves em um acidente doméstico. "Ela passou muito tempo no hospital, e Harry foi sua maior inspiração para se recuperar mais rápido," explicou o pai da corajosa garotinha.

Os garotos do 1D são muito próximos, como se fossem uma família. Harry tem a sorte de poder contar com Zayn e Louis, que agem como irmãos mais velhos sempre que ele precisa.

Em resposta aos boatos sobre os romances do Harry, Zayn comentou: "Ele é o caçula do grupo, mas parece que as pessoas se esquecem disso por causa do jeito e do charme dele. Então é meio chato, às vezes parece que ele está com o peso do mundo nas costas."

Harry não esconde que se inspira muito no vocalista do Coldplay, Chris Martin, e parece que a sensação é mútua. Quando Harry foi a um show do Coldplay, ficou de queixo caído quando ouviu o ídolo cantar um trecho do hino do 1D, "What Makes You Beautiful", para mostrar que é fã do Harry.

A mãe do Harry, Anne, escalou o monte Kilimanjaro com o objetivo de arrecadar dinheiro para a instituição de caridade Believe in Magic, que ajuda crianças com doenças terminais. Não só o Harry contribuiu generosamente com 5 mil libras, como usou o Twitter para estimular outros Directioners a doar também. Anne arrecadou mais de 25 mil libras para a instituição, e Harry usou o Twitter para declarar o orgulho que sentiu dela.

Harry não se intimida ao expressar seu amor pelos outros integrantes do One Direction: "Não consigo me imaginar sem eles. Temos muita sorte. O que mais gosto em estar neste grupo é que sempre tenho alguém do meu lado. Se um está para baixo, tem outros quatro para animá-lo. Além do fato de que depois de um dia cheio de trabalho ainda gostamos de ficar juntos."

Durante um show no México, o Harry estava cantando com o grupo quando viu uma garota na primeira fila ser esmagada contra a grade. Ele se abaixou para indicar a um segurança o que estava acontecendo e continuou a cantar. Mas como o guarda não conseguiu localizar a fã, Harry parou de cantar de novo e mostrou onde ela estava. Ele só voltou a cantar depois que ela foi retirada de lá em segurança. Depois o Harry sorriu e fez sinal de positivo com o polegar.

Harry e os outros integrantes do 1D surpreenderam um grupo de fãs fingindo ser estátuas de cera da famosa atração turística de Londres, o museu Madame Tussauds. Os fãs foram escolhidos para receber esse prêmio especial devido ao trabalho que fizeram em prol de instituições de caridade. Os cinco ficaram lá paradinhos e ganharam vida no último minuto, dando o maior susto da vida dos fãs e tornando o dia inesquecível para eles.

Não é de surpreender que a mãe do Harry seja uma de suas maiores fãs. "Quando eu tinha algum dia particularmente difícil no trabalho, eu voltava para casa e descobria que ele havia me preparado um banho, enchido o banheiro de velas e até feito o jantar. Ele me expulsava da cozinha e dizia que estava tudo sob controle."

O HARRY É VISTO COMO O PAQUERADOR DA BANDA. SEU SORRISO MARAVILHOSO E SUAS COVINHAS FOFAS CERTAMENTE DEIXAM VOCÊ NAS NUVENS. VEJA AQUI O QUE ELE PENSA SOBRE AMOR, NAMORO E O QUE PROCURA (E NÃO PROCURA) EM UMA GAROTA.

Harry gosta do desafio da conquista. Apesar de ter milhares de fãs loucas para namorar com ele, gosta de tomar a iniciativa:

"A parte divertida é correr atrás, então, se você falar comigo, precisa se fazer de difícil. Acho atraente quando alguém diz não. Você não quer ouvir um sim logo de cara, né?"

Apesar da fama de conquistador, ele insiste que muitas das garotas que aparecem em público ao seu lado são apenas amigas, e não namoradas:

"Não quero ser visto como mulherengo ou algo assim. Sei que às vezes os jornais dão essa impressão, mas não é o caso. As coisas não são como eles dizem. Tenho amigas, e às vezes basta eu lhes dar uma carona para casa e já estamos 'namorando'."

Ele já recebeu várias propostas de casamento. A boa notícia é que Harry adora isso, então, não tenha medo de pedir:

"Eu não fico constrangido com as propostas. Até gosto! Acho um elogio e uma graça na maior parte das vezes."

Modesto, o rapaz cita Zayn como o mais bonito da banda:

"Acho que o bonitão típico é o Zayn, com aquelas maçãs do rosto e aquele maxilar."

Ele admite ser paquerador, mas alega que só está se divertindo como qualquer garoto de sua idade:

"Posso paquerar demais, mas sou um garoto de 18 anos e gosto de me divertir. Não digo que eu seja um tarado, pois isso me faria parecer mulherengo, e não sou assim."

Não se passa um dia sem boatos de que ele está com alguma garota. Mas Harry diz ser muito aberto quando está namorando e não faz a menor questão de esconder:

"Nunca menti sobre ter namorada. Acho que se você mentir, as pessoas vão querer desmascarar você, então é melhor dizer a verdade."

Não se preocupe se acha que não faz o "tipo" dele. Para chamar a atenção do Harry é preciso bem mais do que beleza:

"É mais o jeito da pessoa. Como ela age, a linguagem corporal, se consegue rir de si mesma. Também acho a ambição muito atraente: quando alguém é bom em algo que adora fazer. Quero uma pessoa motivada. E gosto de garotas atrevidas, mas sem exageros."

Sempre perguntam a ele o que procura em uma garota, e as fãs nunca se cansam de ouvir as respostas. Então, aqui vai mais uma:

"Um sorriso atraente, beleza, uma pessoa carinhosa. E que seja 'desafiativa' [uma palavra inventada pelo Harry] e me conteste o tempo todo. Alguém que seja atrevida."

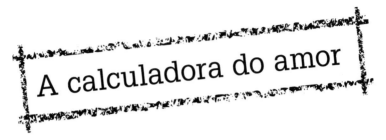

A calculadora do amor

UMA FORMA RÁPIDA E DIVERTIDA DE DESCOBRIR SE VOCÊS FORAM FEITOS UM PARA O OUTRO.

Escreva o seu nome e o dele com a palavra LOVES (que significa "ama" em inglês) no meio. Depois anote quantas vezes as letras L, O, V, E e S aparecem no seu nome e no dele, mas não conte as letras da palavra LOVES que está no meio! Some os pares de números: o primeiro com o segundo, o segundo com o terceiro e daí por diante até chegar a uma "porcentagem" final, que indica a probabilidade de você ser a garota dos sonhos do Harry.

Veja um exemplo:

Lauren Taylor LOVES Harry Styles

São três L, um O, nenhum V, dois E e dois S.

Anote assim: 3 1 0 2 2

Some cada par de números até restarem apenas dois:

```
3 1 0 2 2
 4 1 2 4
  5 3 6
  89 %
```

Um dia perfeito

SE VOCÊ GANHASSE DINHEIRO POR SONHAR ACORDADO COM O HARRY, CERTAMENTE SERIA UMA PESSOA RICA. AQUI ESTÃO QUATRO PÁGINAS PARA DESCREVER COMO SERIA UM DIA PERFEITO COM ELE. A GRANDE PERGUNTA É: APRESENTÁ-LO AOS AMIGOS OU MANTER O INTEGRANTE DO 1D SÓ PARA VOCÊ?

Precisa de ajuda para começar?
Tente responder às seguintes perguntas:

- ☐ Como começaria o seu dia?
- ☐ Desde quando você é fã do Harry?
- ☐ Do que mais gosta nele?
- ☐ Quais são as suas músicas favoritas?
- ☐ Para onde você o levaria?
- ☐ O que ele estaria vestindo?
- ☐ O que vocês comeriam juntos?
- ☐ O que você diria para ele?
- ☐ O que gostaria de perguntar ao Harry?
- ☐ O que gostaria que ele lhe perguntasse?
- ☐ Como terminaria o seu dia?

EU AMO O HARRY

EU AMO O HARRY

EU AMO O HARRY

EU AMO O HARRY

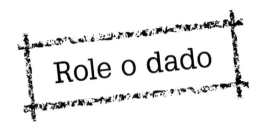

PARA DESCOBRIR O SEU DESTINO COM O HARRY, O NEGÓCIO É DEIXAR ROLAR. PEGUE UM DADO E SIGA AS INSTRUÇÕES ABAIXO.

1. Invente as opções nas categorias de A a E e as escreva no espaço com o número 6 de cada uma.

2. Mande ver! Role o dado uma vez para cada categoria. O número que aparecer é a escolha que o dado fez para você.

3. Escreva o seu futuro com o Harry no quadro e espere para ver se vai acontecer mesmo.

CATEGORIAS

A. Onde você e o Harry vão se encontrar:
1. Nos bastidores de um show   2. Em um estúdio de TV
3. No aeroporto   4. Em um shopping   5. Na sua rua
6. (Sua escolha) ....

EU AMO O HARRY

B. O que vocês vão fazer juntos:
1. Sair para comprar até cair   2. Ter aulas de dança
3. Cantar em um caraoquê   4. Ir à praia   5. Dar uma volta no parque
6. (Sua escolha) ....

C. Ele vai ficar de queixo caído com o seu:
1. Olhar   2. Sorriso   3. Papo   4. Estilo   5. Senso de humor
6. (Sua escolha) ....

D. O que ele vai te dar de presente:
1. Um urso de pelúcia   2. Um colar com pingente de coração   3. Flores   4. Uma carta de amor   5. O livro favorito dele
6. (Sua escolha) ....

E. Para onde você e o Harry vão viajar:
1. Paris   2. Califórnia   3. Índia   4. Florença   5. Lapônia
6. (Sua escolha) ....

O seu futuro com o Harry:

Vou conhecer o Harry ....

Nós vamos ....

Ele vai ficar de queixo caído com o meu ....
....

E vai me dar de presente ....

Vamos viajar para ....

Encontro dos sonhos

Início
É o primeiro encontro com o Harry, e ele diz que a decisão é sua. Então você prefere...

- Algo tranquilo e íntimo só para vocês dois
  - Sua melhor amiga também quer ir. O que você diz?
    - "Eu adoraria ter alguém ao meu lado, porque o nervosismo está me matando."
    - "Desculpe, mas é um programa só para dois."

- O máximo de emoção e empolgação possível
  - Você quer que todos saibam, então:
    - Você conta à imprensa para que eles mandem um fotógrafo?
    - Você conta à família, aos amigos e a todos de que consegue se lembrar?

EU AMO O HARRY

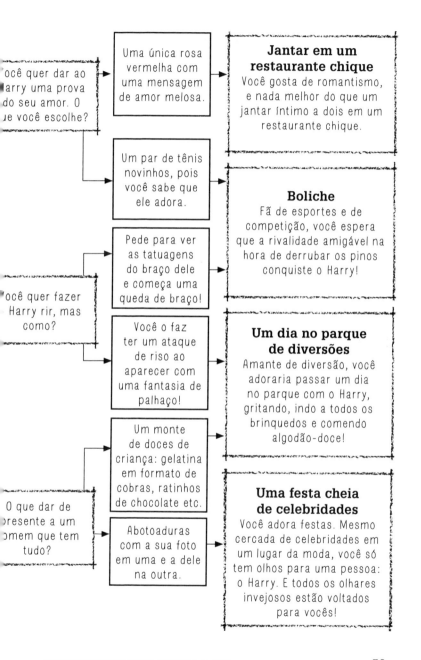

Todas as direções!

PARA CIMA, PARA BAIXO, PARA A FRENTE, PARA TRÁS, ATÉ NA DIAGONAL. VOCÊ VAI PRECISAR PROCURAR EM TODAS AS DIREÇÕES NESTE CAÇA-PALAVRAS PARA DESCOBRIR PESSOAS, LUGARES E MÚSICAS MUITO IMPORTANTES PARA O HARRY. SE ACHAR DIFÍCIL, VÁ PARA A **PÁGINA 106**.

TAKE ME HOME

THE BEATLES

CHRIS MARTIN

ELVIS PRESLEY

GEMMA

UP ALL NIGHT

CHESHIRE

"LITTLE THINGS"

ONE DIRECTION

EDWARD

EU AMO O HARRY

Y	C	J	E	P	M	R	J	A	T	T	P	S	T	W
E	R	H	M	R	X	Q	M	M	H	A	G	O	A	G
L	G	F	R	U	I	M	M	E	X	N	I	O	K	D
S	M	E	F	I	E	H	B	O	I	E	L	Q	E	T
E	H	F	L	G	S	E	S	H	O	T	T	K	M	Z
R	Q	T	L	B	A	M	T	E	H	O	J	D	E	S
P	D	Q	J	T	B	E	A	J	H	R	L	R	H	Q
S	K	J	L	D	L	K	W	R	Z	C	P	A	O	L
I	R	E	T	T	U	J	M	W	T	D	P	W	M	G
V	S	K	T	D	D	G	S	L	P	I	B	D	E	C
L	L	I	N	E	D	I	R	E	C	T	N	E	N	Z
E	L	D	T	J	G	T	E	D	E	N	M	A	O	I
T	H	G	I	N	L	L	A	P	U	I	Z	T	K	D
O	J	T	V	R	U	N	O	I	F	F	W	U	J	S
R	N	O	N	E	D	I	R	E	C	T	I	O	N	V

Universo do Twitter

OS TUÍTES DO HARRY PODEM SER FOFOS, MAS ÀS VEZES SÃO BEM ESQUISITOS! VEJA ALGUMAS DAS MAIORES DOIDEIRAS QUE SAÍRAM DA CABEÇA DO SR. STYLES.

🐦 Abacate estraga um monte de sanduíches ótimos.

🐦 Dormi em cima do ombro, agora meu braço esquerdo está dormente e inútil. Parece que tem uns 10 centímetros a mais que o direito. Maneiro.

🐦 Primeiro foi bolo de cenoura no fone do celular... agora, sopa.

🐦 Tenho narinas estranhamente grandes.

🐦 Acabei de ser chamado de "camarada" e gostei.

🐦 Posso estar errado, mas tenho quase certeza de que não saí correndo pelo aeroporto.

🐦 Acabei de me dar conta de que estou vendo um programa sobre a origem das maçãs há 20 minutos.

🐦 Tenho três calças de flanela para escolher, todas com consistências diferentes. Vou ficar mal-acostumado.

🐦 Zayn acabou de perguntar: "Será que os homens das cavernas tinham rinite alérgica?" O que vocês acham?

Uma aventura de arrepiar os cabelos

VOCÊ ESTÁ PRONTA PARA ASSUMIR O PAPEL PRINCIPAL EM UMA AVENTURA COM O HARRY STYLES? LEIA A HISTÓRIA ABAIXO E ESCOLHA SUAS OPÇÕES COM CALMA. O QUE VAI ACONTECER A SEGUIR? VOCÊ DECIDE!

Você está no cabeleireiro onde trabalha aos sábados. Enquanto os funcionários de tempo integral têm permissão para ser criativos penteando e cortando cabelos, sua função é prepará-los e lavá-los.

Você está especialmente triste porque é aniversário de uma das cabeleireiras e todos foram almoçar com ela para comemorar. Todos menos você, é claro. Alguém precisava ficar para tomar conta do salão e agendar os clientes. Que saaaacooo!

O sininho que fica em cima da porta toca e te dá um susto, pois você estava lendo distraidamente uma matéria sobre sua banda favorita, o One Direction. Eles vão fazer um grande show à noite para arrecadar dinheiro em prol de crianças carentes. Você daria tudo para estar lá.

Uma mulher está parada na porta do salão, parecendo ansiosa.

— Preciso desesperadamente de um cabeleireiro — diz ela.

— Sem problemas, vou ver se consigo encaixar você em um horário. Que tal na próxima terça? Ou...

— Você não está entendendo — interrompe ela. — Preciso de alguém agora. E não é para mim. É para... Bom, uma pessoa muito famosa.

Ela vira e acena para alguém que está em um carro parado em frente ao salão, e entra rapidamente uma pessoa de moletom com capuz. Você não consegue ver quem é até ele tirar o capuz. O cabelo está molhado e grudado na cabeça, cheio de lama e mato, mas quando o rapaz olha para cima e sorri timidamente, não há dúvidas: é o Harry Styles!

Se você decidir:
1. Sorrir para ele e desmaiar, leia a parte **A**, a seguir.
2. Fingir ser cabeleireiro do salão, vá para **B**, na **página 64**.

A: Você acorda no chão, recuperando a consciência aos poucos. Quando a sua visão embaçada volta a clarear, você vê o Harry Styles agachado ao seu lado, com um ar de preocupação. A assistente dele desapareceu.

— Você está bem? — pergunta ele.

— Estou sonhando? — você diz, gaguejando.

Ele sorri:

— Não, sou eu mesmo, e preciso muito da sua ajuda.

Harry explica que estava na beira de um rio com Louis, Zayn, Liam e Niall quando acabou escorregando e caindo na água. Pior, o cabelo ficou duro de tanta lama. A poucas horas do grande show da noite, ele precisa de alguém para recuperar o penteado, pois a cabeleireira que costuma atendê-lo ficou doente. Você consegue resolver?

Se você decidir:
1. Dizer a ele que vai fazer o possível, leia a parte **A1**, a seguir.
2. Correr para o restaurante e tirar uma das cabeleireiras do almoço, leia a parte **A2**, na **página 60**.

A1: Harry senta na cadeira com a cabeça voltada para a pia, enquanto você retira a lama do rio com xampu. Você nem acredita que está passando os dedos pelos cabelos do Harry Styles, mas o trabalho não é fácil: ele tem muito cabelo, que parece ter absorvido boa parte do rio!

Ao terminar, você enrola uma toalha nos cabelos dele e o leva para outra cadeira, onde ele se senta e se olha no espelho. Você já viu as cabeleireiras trabalharem várias vezes e sabe que pode fazer o mesmo. Além do mais, não vai ser preciso cortar nada, certo?

— Será que você podia aproveitar e dar uma aparada? — pede o Harry, subitamente. Você sente o estômago dar saltos mortais, mas dá um sorrisinho, pega o pente e a tesoura e começa a cortar.

O que você faz?
1. Ai! Você se empolgou e fez um corte bem mais curto. Leia a parte **A1a**, na **página 61**.
2. Você tem todo o cuidado e corta exatamente do jeito que está nas revistas. Leia a parte **A1b**, na **página 62**.

A2: Sem fôlego, você volta para o salão com Abi, a cabeleireira-chefe, que vê o Harry e corre para ajudá-lo. Depois de lavagem, corte e secagem profissionais, o rosto sorridente no espelho é o do Harry que você conhece e adora.

Ele fica feliz da vida e dá um grande abraço na Abi. Você se decepciona um pouco até ele se virar para você e dar um abraço ainda *maior*!

— Devo muito a vocês — diz ele. — Tenho algumas horas livres e gostaria de agradecer: vamos almoçar? Ou, quem sabe, ir àquele boliche que vi ali na frente?

Abi, que sabe quanto você adora o One Direction, dá uma piscadela esperta e diz ao Harry que precisa tomar conta do salão. Harry se volta para você e sorri:

— Então, para onde vamos?

Se você decidir:
1. Almoçar com o Harry, leia a parte **A2a**, na **página 62**.
2. Ir ao boliche, leia a parte **A2b**, na **página 63**.

A1a: Você vê o rosto do Harry no espelho. Ele não está sorrindo. Na verdade, parece chocado.

— Eu... eu... eu...

Você engasga, o que não é bom. O nervosismo é tanto que as palavras não saem.

— Eu sei — diz o Harry. — Está mais curto que o normal.

Então, para sua surpresa, ele se vira para você e sorri.

— Gostei. Na verdade, adorei! Como posso te agradecer?

Você fica sem palavras. O dia já foi melhor do que você poderia esperar.

De repente, o Harry estala os dedos.

— Os outros garotos estão no hotel, quer passar lá e bater um papo com a gente? Vamos pedir pizza e relaxar antes do show...

Ai, meu Deus! Você não consegue tirar o sorriso do rosto e abraça forte o Harry, que cai na gargalhada.

Assim, você passa o resto do dia conversando com os cinco integrantes do One Direction, tirando fotos e se divertindo horrores.

Quando você acha que as coisas não poderiam melhorar, os garotos lhe dão uma entrada VIP para o show da noite e abrem a apresentação agradecendo à pessoa responsável pelo novo cabelo do Harry: você!

FIM

A1b: Harry dá um sorrisão ao ver como ficou o corte.

— Você salvou o meu dia. Tenho algumas horas livres. Que tal me mostrar a cidade?

Você dá uma volta pelo centro com o Harry, conversando e rindo. De repente, surge uma multidão de fãs do One Direction, que avança na direção dele. Harry se esconde em um beco e diz para você segui-lo, mas são tantos fãs em volta dele que você acaba perdendo o astro pop de vista. Depois, um dos fãs conta que ele entrou no carro e foi embora. Você vai para casa triste, desejando ter passado mais tempo com ele.

Ao chegar em casa, você ouve um assovio do outro lado da rua e vê uma limusine preta parada. Te olhando pela janela aberta está o Harry, com um sorrisão no rosto.

— Estava esperando encontrar você aqui. Não tive chance de me despedir. Venha, temos um show para ir!

FIM

A2a: Harry leva você ao restaurante mais chique da cidade. Os dois saboreiam uma refeição deliciosa, mas de repente o rosto dele fica pálido ao ver uma multidão se formando do lado de fora. Ah, não, vocês foram descobertos!

A assistente dele entra no restaurante e fala baixinho, em tom urgente:

— Vou enrolar o pessoal, Harry, mas vocês vão ter de encontrar outra saída.

Você procura o chef, pergunta onde fica a porta dos fundos e se dá conta de que conhece um atalho por trás do restaurante que leva até a sua casa.

Rapidamente, você rabisca em um pedaço de papel e diz ao Harry:

— Dê este endereço para a sua assistente e venha comigo.

Vocês saem discretamente pelos fundos, depois correm pelas ruas estreitas, rindo até perder o fôlego. Ao chegar à sua rua, o carro da produção já está esperando, mas a noite ainda não terminou. Harry diz que pode esperar dez minutos se você quiser trocar de roupa, pois ele vai levar você ao grande show daquela noite!

FIM

A2b: Em frente ao salão, uma limusine preta está esperando, e o gentil cantor abre a porta para você entrar.

O carro é SENSACIONAL, com video game embutido, minibar com bebidas e petiscos e uma TV de tela plana.

— Pode se servir — convida o Harry.

Ele levanta uma parte do banco e mostra um monte de batatas fritas, salgadinhos, bolos e chocolates.

Ao chegar ao boliche, outra surpresa: os quatro companheiros de banda do Harry também foram. A sua empolgação é tanta que mal consegue derrubar um pino durante o jogo, mas isso não importa, porque você está passando o dia com o One Direction!

FIM

B: Harry se acomoda na cadeira. Enquanto você lava o cabelo dele com xampu, está tão distraído sonhando acordado que nem nota a multidão de fãs se formando em frente ao salão, gritando o nome do Harry.

Aí, acontece um desastre. Lutando para enfrentar a multidão e entrar está Abi, a cabeleireira-chefe, e ela parece furiosa. O seu disfarce está prestes a ser revelado e não há para onde fugir.

— É melhor trancar a porta — você diz, pensando rapidamente. — Alguns fãs podem querer entrar.

Você ignora o olhar furioso de Abi, que fica tentando abrir a porta e começa a bater com força no vidro, gritando o seu nome.

Após ligar o rádio para abafar o ruído, você sabe que não vai conseguir manter a situação por muito tempo. E cortar o cabelo do Harry com essa pressão toda pode ser um desastre.

Jogo dos erros

Você consegue encontrar oito diferenças entre a foto de cima e a de baixo? Verifique as respostas no final do livro.

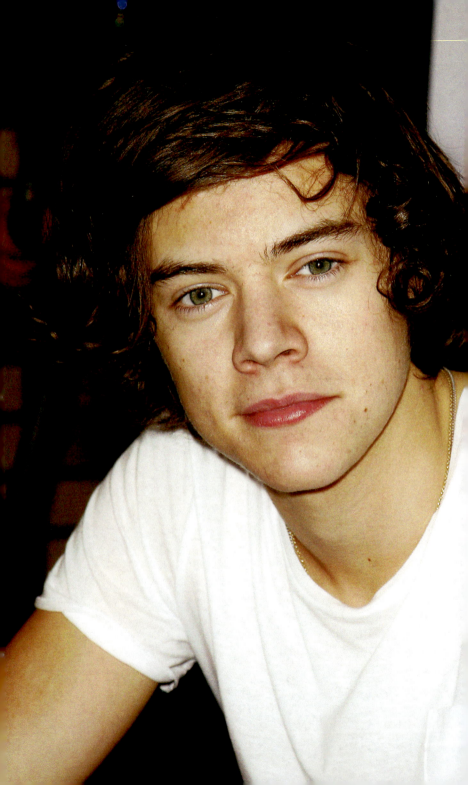

> **Se você decidir:**
> **1.** Acionar o alarme de incêndio e fugir pelos fundos com o Harry, leia a parte **B1**, logo a seguir.
> **2.** Deixar a Abi entrar e confessar tudo, leia a parte **B2**, na **página 66**.

B1: O barulho do alarme de incêndio faz o Harry pular da cadeira.

— Ah, não. O que vamos fazer? Não posso sair pela porta principal, tem muita gente.

— Por aqui — você diz, confiante, abrindo a saída de incêndio.

Harry, com água pingando do cabelo, hesita.

— Você pode ir primeiro para ver se o caminho está livre? — pede ele.

Você entra no beco fedorento e cheio de lixo atrás da loja e faz um gesto para o Harry ir também. O cheiro é realmente horrível, mas ele ri da sua ansiedade.

— Tudo isso faz parte do trabalho — brinca ele, sorrindo. — Acho que meu carro vai nos encontrar em um minuto.

Assim que ele termina a frase, uma limusine preta surge no fim da rua, e o Harry lhe diz para entrar:

— Vamos! Você pode terminar de cuidar do meu cabelo no hotel.

> **Se você decidir:**
> **1.** Entrar no carro e continuar fingindo que sabe cortar cabelo, leia a parte **B1a**, na **página 67**.
> **2.** Dizer a verdade ao Harry, leia a parte **B1b**, na **página 68**.

B2: — O que pensa que está fazendo? — grita Abi, quando você abre a porta e finalmente a deixa entrar. — Você não deveria atender nenhum cliente enquanto estivéssemos no almoço!

Harry vê a cena, chocado e confuso, e Abi não termina a bronca.

— Você... Você... — gagueja ela.

— Sim, sou eu — responde o Harry, sorrindo. — Sou apenas um garoto em apuros sendo ajudado. Isso é errado?

— É, sim — você interrompe. — Porque eu menti. Disse que era cabeleireira-chefe e sou apenas assistente. Só quis ajudar.

— Obrigado por tentar me ajudar, foi muito legal da sua parte. Mas quem vai consertar meu cabelo, afinal?

> **Se você decidir:**
> **1.** Sair de cena e deixar a Abi assumir o comando, leia a parte **B2a**, na **página 69**.
> **2.** Dizer a Abi que você gostaria de seguir em frente e tentar o corte que você tem em mente, leia a parte **B2b**, na **página 70**.

B1a: Você dá ao Harry uma toalha que conseguiu pegar enquanto saía correndo do salão, e ele sorri:

— E agora?

— É... — você gagueja, sem saber como continuar.

— Eu sei que você não é cabeleireira-chefe porque o seu crachá diz "Assistente júnior". Não me importo! Você demonstrou vontade de me ajudar, o que já é o bastante. Agora, você sabe usar um secador de cabelos?

Seu rosto fica vermelho de vergonha, mas logo também começa a rir com o vocalista do 1D.

— Sei, sim. E isso é verdade — você responde, às gargalhadas.

De volta ao hotel, enquanto você arruma suas famosas madeixas, o Harry pergunta sobre o seu sonho de ter sucesso profissional e escuta você falar sobre a vontade de abrir o próprio salão. Quando termina, ele olha no espelho e sorri.

— Você vai arrasar no mercado quando conseguir. E vou ser o seu primeiro cliente — ele diz.

FIM

B1b: — Quer dizer que você não é profissional ainda? — diz o Harry, perplexo.

— Pois é — você gagueja. — Sou apenas assistente. Desculpe, Harry, não queria te decepcionar.

O astro sorri e faz um gesto para você ir com ele mesmo assim.

— Preciso que alguém me prepare para o show de hoje, então, por que não te dar uma chance?

Para sua surpresa, o resultado ficou bem bacana, e o Harry também achou. Antes de ir para o show, ele te dá um abraço e coloca algo na sua mão: dois ingressos para a apresentação e um passe para o camarim!

Naquela noite, você e sua melhor amiga têm os melhores lugares da plateia. Você sente um orgulho todo especial quando o Harry entra no palco com o cabelo perfeito e a multidão vai ao DELÍRIO.

FIM

B2a: O rosto da Abi muda quando ela percebe que você fez o que qualquer pessoa faria se o ídolo tivesse aparecido em busca de ajuda.

— Entendo a situação — ela diz. — Mas assumo agora.

É meio chato não terminar o trabalho, mas o Harry fala de novo.

— Mas você foi muito legal comigo... E se a gente sair mais tarde e eu te apresentar aos garotos? Abi, você também pode vir.

— Obrigada, mas não posso abandonar o salão — diz Abi com uma piscadela. — Mas você pode tirar o resto do dia de folga, porque merece.

Harry oferece o braço e vocês vão para uma bela limusine preta. Você entra e o carro estaciona em frente a um parque de diversões.

— O parque está fechado para o público hoje — diz o Harry. — Eles nos convidaram para testar alguns brinquedos e achei que você gostaria de vir também.

Dentro do parque, fica difícil conter a empolgação quando Harry apresenta você a Liam, Zayn, Niall e Louis. Que dia! Foi uma verdadeira montanha-russa de emoções!

FIM

B2b: — Bom — diz Abi —, como fã número 1 dele, você conhece o estilo do Harry melhor que ninguém. Se ele permitir, faço questão de deixar o corte por sua conta.

— Por mim, tudo bem — diz o Harry.

Com empolgação, você pega o gel, a escova e manda ver, criando a obra-prima mais importante da sua vida.

Harry se olha no espelho e sorri:

— Uau!, nunca vi o meu cabelo tão bonito. Eu te devo um GRANDE obrigado e sei muito bem como agradecer.

Harry passa com você pela multidão de fãs empolgados na frente do salão e entra em um carro que os espera, e depois sai em alta velocidade.

A próxima parada é uma loja de marca, onde Harry faz questão que você tenha atendimento especial enquanto escolhe uma roupa.

Depois de achar algo sensacional, você leva um susto com o preço, mas Harry sorri:

— Você merece, por tentar me ajudar e correr o risco de perder o emprego por isso.

— Mas onde vou usar uma roupa dessas? — você pergunta.

— No show de hoje à noite, é claro. Temos um convite VIP para você.

FIM

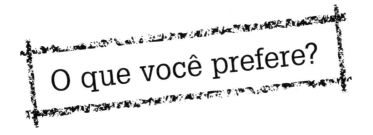

O QUE VOCÊ FARIA SE TIVESSE A CHANCE DE PASSAR UM TEMPO COM O HARRY? LEIA AS ALTERNATIVAS A SEGUIR E MARQUE A SUA OPÇÃO EM CADA UMA DELAS. PARA AUMENTAR A DIVERSÃO, VOCÊ PODE COMPARAR AS SUAS RESPOSTAS COM A DE SEUS AMIGOS.

O que você prefere...

Cuidar dos cabelos do Harry?	⟷	Ser estilista dele?
Vê-lo gravar a música mais nova do One Direction?	⟷	Vê-lo fazendo ensaio fotográfico para uma revista?
Sair de férias com ele?	⟷	Fazer vocais de apoio em uma música do One Direction?
Ir a um restaurante chique com ele?	⟷	Fazer compras com ele?
Receber um convite para conhecer a família dele?	⟷	Levá-lo para conhecer a sua família?

Ir ao cinema juntos?	⬄	Assistir a um DVD em casa?
Ajudá-lo a compor uma música nova?	⬄	Aparecer em um clipe do One Direction?
Ir surfar com ele?	⬄	Convidá-lo para passar um dia na sua escola?
Criar uma roupa sensacional para ele usar nos shows?	⬄	Ajudá-lo a aprender novos passos de dança?
Ir ao zoológico?	⬄	Ir patinar no gelo?
Fazer um passeio no campo?	⬄	Ver os pontos turísticos da cidade?
Ouvi-lo cantar uma música romântica para você?	⬄	Ouvi-lo contar suas piadas mais engraçadas?
Dar um passeio de gôndola em Veneza com ele?	⬄	Saltar de paraquedas juntos?

Linha do tempo do fã de verdade

HARRY VIVEU UMA ASCENSÃO METEÓRICA AO ESTRELATO E TEVE OS FÃS AO SEU LADO DURANTE TODO O PROCESSO. LISTAMOS ALGUNS DOS PRINCIPAIS MOMENTOS DA VIDA DELE, MAS FALTAM ALGUNS DETALHES. PREENCHA AS LACUNAS COM AS PALAVRAS E DATAS QUE ESTÃO NA **PÁGINA 76** E CONFIRA SUAS RESPOSTAS NA **PÁGINA 107**.

.... (1): Harry Styles nasce em Holmes Chapel, Cheshire, noroeste da Inglaterra. Na escola, ele e alguns amigos formam uma banda chamada White Eskimo. Harry é o vocalista.

Junho de 2010: Na primeira audição para o *X Factor*, Harry canta .... (2), de Stevie Wonder.

Julho de 2010: Harry não chega às finais da categoria Garotos e se diz "arrasado".

Setembro de 2010: Depois que o Simon Cowell formou o One Direction com artistas que originalmente se inscreveram como cantores solo, o grupo se apresentou na casa dele em Los Angeles cantando "Torn", da Natalie Imbruglia.

Outubro de 2010: Na primeira apresentação ao vivo, o One Direction canta "Viva La Vida", do Coldplay, e é muito aplaudido.

Dezembro de 2010: O One Direction se apresenta com Robbie Williams na final do *X Factor*. Harry considera cantar com Robbie "uma honra". Eles ficaram em terceiro lugar no programa, perdendo para Matt Cardle e Rebecca Ferguson, respectivamente vencedor e segundo lugar. "Claro que ficamos decepcionados," diz Harry.

Março de 2011: Harry posa orgulhosamente com o restante da banda no lançamento do primeiro livro, *One Direction: Forever Young*, que chega ao topo da lista dos mais vendidos.

Agosto de 2011: Harry chega aos estúdios da Radio 1 em Londres com os colegas de banda para o lançamento do single de estreia do One Direction, "What Makes You Beautiful".

Setembro de 2011: O single de estreia chega ao primeiro lugar no Top 40 do Reino Unido e passa 19 semanas consecutivas nas paradas.

Setembro de 2011: Harry revela pela primeira vez que tem uma queda pela apresentadora do *Xtra Factor*, Caroline Flack, e pede para um amigo falar com ela pelo Twitter.

Fevereiro de 2012: Ele viaja aos EUA com o One Direction para fazer uma turnê por lá.

Fevereiro de 2012: O 1D ganha o prêmio de ....
.... (3) nos Brit Awards. Os garotos

derrotam outros nove artistas e conquistam o troféu pelo primeiro single, "What Makes You Beautiful".

Março de 2012: O One Direction se torna o primeiro grupo britânico a ir direto para o primeiro lugar na parada Billboard 200 dos EUA com o disco *Up All Night*.

.... (4): O One Direction chega a Sydney para uma miniturnê por Austrália e Nova Zelândia.

Maio de 2012: "What Makes You Beautiful" ganha disco de platina duplo nos EUA. Os garotos comemoram o fato de ser uma das boy bands britânicas a ter maior sucesso e estourar em território norte-americano.

Agosto de 2012: Em um parque de diversões flutuante, os garotos do One Direction cantam "What Makes You Beautiful", na incrível .... (5), em Londres.

Agosto de 2012: O One Direction anuncia que o segundo disco vai se chamar *Take Me Home*.

O principal single do disco, "Live While We're Young", torna-se a música com a pré-venda mais rápida da história.

Setembro de 2012: O One Direction ganha três MTV Video Music Awards em Los Angeles. Eles derrotaram artistas como .... (6) e Rihanna na categoria Melhor Clipe Pop com "What Makes You Beautiful" e também ganharam o prêmio de Melhor Artista Novo. Os troféus são estatuetas de astronautas e, ao subir no palco para pegar o segundo, Harry diz: "Ganhar um Astronauta é sensacional. Ganhar dois é incrível, e me apresentar aqui é absolutamente fantástico, então, muito obrigado por nos receberem." Depois de cantar "One Thing", eles conquistam o terceiro prêmio, de Melhor Clipe para Compartilhar.

Novembro de 2012: O 1D lança o segundo disco, *Take Me Home*.

Novembro de 2012: A banda fica nas paradas britânicas em dose dupla, com o novo single "Little Things" e o disco *Take Me Home* chegando ao primeiro lugar.

Novembro de 2012: O One Direction canta "Little Things" diante da rainha da Inglaterra no The Royal Variety Performance. Harry estava nervoso por ser apresentado a Sua Majestade. Ele descreveu o comediante Ronnie Corbett, que também apareceu no programa, como "uma lenda".

Fevereiro de 2013: O One Direction começa uma turnê mundial.

Palavras que Faltam

Melhor Single Britânico

Justin Bieber

Abril de 2012

Cerimônia de Encerramento dos Jogos Olímpicos

1º de fevereiro de 1994

"Isn't She Lovely"

O HARRY TEM CERTEZA DE QUE OS DIRECTIONERS SÃO OS MELHORES FÃS DO MUNDO, MAS ÀS VEZES ELES EXAGERAM UM POUCO. TENTE DESCOBRIR QUAIS DESTAS HISTÓRIAS RELACIONADAS A FÃS SÃO VERDADEIRAS E QUAIS SÃO FALSAS. CONFIRA SUAS RESPOSTAS NA **PÁGINA 107**.

1. Uma fã botou o celular no bolso do Harry, mas ficou decepcionada quando ele o encontrou e devolveu na mesma hora. A garota disse: "Se você tivesse ficado com o meu celular, teria que me encontrar para devolvê-lo".

☐ História verdadeira   ☐ Mentira deslavada

2. Harry revelou que um dos presentes mais criativos e bizarros recebidos pelo One Direction foi uma caixa de cogumelos vestidos como a banda!

☐ História verdadeira   ☐ Mentira deslavada

3. Harry ganhou um ursinho de pelúcia de uma fã, com a seguinte explicação: "O Teddy é um grande fã e quer morar com você".

☐ História verdadeira   ☐ Mentira deslavada

4. Harry foi atacado por garotas aos berros quando saiu do carro em frente a um estúdio no centro de Londres. Ele recebeu ajuda, conseguiu se recompor e sorrir para os fãs enquanto entrava no edifício em segurança.

☐ História verdadeira   ☐ Mentira deslavada

5. Uma fã empolgada estava disposta a conseguir a atenção do Harry quando ele e os garotos saíram de uma estação de rádio na Irlanda. Mesmo estando no meio de uma multidão contida por seguranças, ela mirou e jogou um saco de doces, atingindo Harry e fazendo o astro quase cair de tanta dor. Oops!

☐ História verdadeira   ☐ Mentira deslavada

6. Seguranças tiveram dificuldade de conter uma Directioner que alegou ter que entrar no quarto de hotel do Harry porque era o seu primeiro dia como cabeleireira-assistente e estava em pânico por estar atrasada.

☐ História verdadeira   ☐ Mentira deslavada

7. Harry ficou impressionado quando cinco fãs se aproximaram da banda em Boston, EUA, vestidas como os integrantes do One Direction.

☐ História verdadeira   ☐ Mentira deslavada

8. Um empreendedor grupo de fãs "em movimento" seguia o One Direction por todos os lugares de skate. Harry não acreditou no que viu quando esbarrou com o pessoal pela primeira vez.

☐ História verdadeira   ☐ Mentira deslavada

9. Ao sair de um estúdio de televisão em Manchester, o Harry apertou as mãos de alguns fãs que os esperavam do lado de fora, mas foi surpreendido ao ver uma delas segurando um boneco dele, no qual tinha pintado barba. Quando ele perguntou o motivo, ela explicou que gostava de homens de barba!

☐ História verdadeira ☐ Mentira deslavada

10. Um fã equivocado sempre dá azeitonas de presente ao Harry. O único problema é que ele odeia azeitonas!

☐ História verdadeira ☐ Mentira deslavada

11. Quando fãs estavam em frente à casa onde o Harry cresceu, em Cheshire, o melhor amigo dele dos tempos de escola, Will, chegou em seu carro. O Harry saiu discretamente pelos fundos, entrou abaixado no veículo e Will jogou casacos por cima para escondê-lo. Desconfiados, os fãs olharam pelas janelas do carro. Harry pediu sussurrando que Will avisasse quando a barra estivesse limpa. De brincadeira, Will falou que já estava tudo bem. Quando Harry se livrou dos casacos, foi recebido por gritos de fãs.

☐ História verdadeira ☐ Mentira deslavada

12. Uma garota em Cingapura entregou ao Harry um convite impressionante, todo em branco e dourado. Ao abrir, ele ficou abismado ao ver que era um convite para o seu próprio casamento! Ela era a noiva, claro.

☐ História verdadeira ☐ Mentira deslavada

JORNALISTA DE SUCESSO, VOCÊ FINALMENTE CONSEGUIU UMA ENTREVISTA DE UMA HORA COM O HARRY NO QUARTO DE HOTEL DELE. IMAGINE A CENA, SUAS PERGUNTAS E AS RESPOSTAS DO ASTRO, DEPOIS PREENCHA AS LACUNAS.

Você chega ao hotel e vê uma multidão de fãs do One Direction na porta. Depois de passar com muito esforço, seguranças te impedem de seguir adiante, mas após mostrar sua credencial de imprensa você entra.

Na recepção do hotel, você encontra o assessor de imprensa do Harry e, juntos, vão de elevador para a cobertura. Depois de passar pelo corredor acarpetado, o assessor para e bate em uma porta. Outro assistente atende e lhe diz para entrarem. O Harry Styles está sentado em um grande sofá.

Após um breve aperto de mãos, você se senta diante dele e se prepara para começar.

— Harry, sei que você dá muitas entrevistas, por isso tentei pensar em uma pergunta inédita. Gostaria de saber o seguinte: ....

....?

Harry sorri e diz:

— ....

....

Depois ele pensa na pergunta e responde: ....

....

Você fica feliz com a resposta sincera e ganha confiança. Em seguida, avisa que vai fazer uma série de perguntas estranhas. O Harry dá um sorriso e diz:

— ....

....

— Você já viveu alguma experiência sobrenatural? Fantasmas, alienígenas ou algo inexplicável?

Para sua surpresa, ele responde de imediato:

— ....

....

Aproveitando o embalo, você continua:

— Se houvesse um incêndio na sua casa, qual seria a primeira coisa que você salvaria antes de sair correndo?

O Harry responde:

— ....

....

— Certo — você diz. — E qual foi o melhor presente de aniversário que você já ganhou?

Ele responde logo de cara:

— ....

....

— E o pior?

Ele diz:

— ....

....

Você pergunta ao Harry se ele está gostando da entrevista.

Ele ri e responde:

— ....

....

Querendo manter a entrevista original e divertida, você pergunta:

— ....

....

E ele:

— ....
....

Aí você tenta algo mais ousado, e ele fica um pouco vermelho quando você faz a pergunta mais pessoal até então:

— ....
....

Mas, depois de respirar fundo, ele responde:

— ....
....

Uau! Vai ser uma matéria e tanto. Na verdade, pode acabar sendo a melhor entrevista da sua vida. Já dá até para ver as manchetes: .... ou talvez ....
....

O assessor traz uma bandeja com biscoitos e bolos.

— Oba! — empolga-se o Harry, já estendendo a mão na direção da bandeja:

— ....
....

é o meu biscoito favorito. E o seu?

Você responde:

—

Para sua surpresa, ele vira o jogo e começa a fazer várias perguntas!

— E aí, você já viveu alguma experiência sobrenatural?

Você ri e diz:

—

Depois ele pergunta qual é a sua música favorita do One Direction, e você responde na hora:

—

Para conduzir novamente o foco para ele você oferece outro biscoito e diz:

— Por falar em comida, ouvi dizer que você adora cozinhar. Que prato você faria para me impressionar?

O Harry responde com um brilho nos seus lindos olhos:

—

O assessor corre para dizer que está na hora de terminar a entrevista. Você se levanta, aperta a mão do Harry, e ele a surpreende com uma pergunta:

— ....

....

Agora invente a entrevista dos seus sonhos com o Harry.

ENTREVISTA EXCLUSIVA COM O HARRY

Por ....(escreva seu nome)

EU AMO O HARRY

EU AMO O HARRY

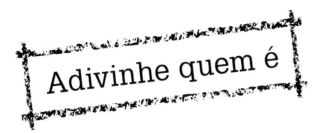

LEIA AS FRASES DO HARRY A SEGUIR E VEJA SE CONSEGUE DESCOBRIR DE QUEM OU DO QUE ELE ESTÁ FALANDO. AS RESPOSTAS ESTÃO NA **PÁGINA 108**. VAI SER PRECISO GASTAR OS NEURÔNIOS PARA DECIFRAR AS PISTAS!

1. "Sim, acho que eu faria, sim. Teria que render muito dinheiro, mas se fosse grana suficiente, eu toparia."

Dica: Mesmo se fosse por uma boa causa, você teria um treco se o Harry perdesse um dos principais fatores do seu charme.

O que é? ....

2. "Eu ia acabar rindo ou coisa do tipo no tribunal, seria horrível."

Dica: Poderia ter sido a profissão do Harry se ele não estivesse no One Direction.

O que é? ....

3. "Você nunca imagina se ver assim, em versão pequena."

Dica: É uma versão do Harry que você pode levar para casa.

O que é? ....

4. "Ela vai lá, deixa tudo maravilhoso, e depois eu mexo em tudo, então ela me odeia."

Dica: O trabalho de cuidar do estilo do Sr. Styles é de arrancar os cabelos!

Quem é? ....

5. "Ele é simplesmente lindo, não é? Olhe só para ele! Que maçãs do rosto!"

Dica: Se o Harry fosse uma garota, iria chegar para esse garoto maravilhoso e perguntar: "E aí?"

Quem é? ....

6. "Ele é um ótimo cantor, artista e compositor. Se eu pudesse ter o talento de qualquer músico, seria o dele, sem dúvida."

Dica: O ídolo musical do Harry não vai causar nenhum "Trouble" (problema, em inglês).

Ele pode levar você ao "Paradise" (paraíso, em inglês), onde o sol é bem "Yellow" (amarelo, em inglês) e tentar "Fix You" (consertar você, em inglês).

Quem é? ....

7. "Ele é um cara sincero e bondoso. A sinceridade é muito importante para mim. Acho que, se você fosse namorada dele, ele a trataria muito bem."

Dica: Aww... Tem um *bromance* rolando com tudo aqui, e o Harry acha que este cara nunca vai te causar Payne (tem que saber um pouco de inglês para acertar esta!)...

Quem é? ....

Muito Styloso

HARRY TEM ESTILO, CLARO, E NÃO TEM MEDO DE OUSAR. SEGUNDO A ESTILISTA DO ONE DIRECTION, CAROLINE WATSON, "O VISUAL DO HARRY É MEIO MAURICINHO HIPSTER, MEIO ESTUDANTE INGLÊS". VEJA O ESTILÔMETRO E AVALIE AS FRASES DO HARRY SOBRE MODA PINTANDO AS ESTRELAS EMBAIXO DE CADA DESCRIÇÃO.

ESTILÔMETRO

★☆☆☆☆ Mmm....

★★☆☆☆ Semiestiloso

★★★☆☆ Supercharmoso

★★★★☆ Tá gato, hein?

★★★★★ Nossa, isso é *absurdamente* Styloso!

Só no gorrinho
Ele adora um gorro de lã, especialmente no inverno. Quando o abaixa para tapar as orelhas, o Harry fica ainda mais fofo e abraçável. Mas como ele consegue colocar o topetão cacheado embaixo do gorro é um mistério.

Arrasando no blazer
Ele fez o blazer voltar à moda. Harry tem uma coleção aparentemente infinita de blazers coloridos: cinza, marrom, de tweed, veludo vermelho, veludo azul... Geralmente eles são usados com as mangas arregaçadas para deixar o forro à mostra, por cima de uma camiseta ou camisa social lisa.

O smoking
O Harry está longe de parecer malvado ou ameaçador quando usa smoking. Ele não tem o visual James Bond, com seu eterno toque de perigo. O rapaz audacioso adora uma gravata-borboleta e a complementa com um imenso sorriso. É um visual chique e certinho que até sua mãe aprovaria.

Perna magrinha
Ele adora calças jeans skinny, de todas as cores (marrom, bege, roxa: vale tudo!), que o deixam com um visual divertido e casual, especialmente quando ele as combina com tênis Converse.

Descamisado? Nem pensar!
A coleção de camisetas dele é enorme. De gola redonda ou em V, tanto faz. O Harry tem de várias cores, mas gosta particularmente da camiseta branca básica, que o deixa com um visual limpinho, como se tivesse acabado de sair de um comercial de sabão em pó.

Eterno em elegância
Ultrajustos e lustrosos, os ternos do Harry são tão bonitos que matam todos de inveja. Não importa se são usados por cima de uma camisa social com gravata fininha, gravata-borboleta, sem gravata ou com uma camiseta casual, Harry fica elegante e sabe disso!

Muito tatuado
Harry fez sua primeira tatuagem aos 18 anos: uma estrela na parte interna do braço esquerdo. Agora não consegue mais parar! Entre os desenhos que tem no

corpo está uma frase da música "Sweet Disposition", do Temper Trap, que diz "won't stop till we surrender". Ele também tem um pequeno "A" na parte interna de um dos cotovelos, um biscoito do tipo *iced gem*, máscaras que representam a comédia e a tragédia no teatro, as iniciais S.M.C.L e dois pássaros no peito.

Qual é o pente que te penteia?
O cabelo é parte importante da imagem dele, mas o Harry gosta de deixá-lo quieto, mesmo que ele não fique no lugar! "Não faço nada, na verdade. Meio que saio da cama e depois seco. Acho que vou ficar careca bem cedo. Tenho medo que o cabelo comece a cair do nada." Mas Lou Teasdale, cabeleireira do One Direction, conta um segredinho: "Harry tem cabelo fino, então eu uso xampu seco para ele não ficar com um visual 'lambido'."

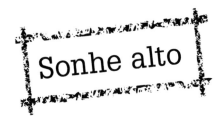

OS SONHOS DO HARRY O LEVARAM DA BANDINHA DOS TEMPOS DE ESCOLA ATÉ O ESTRELATO INTERNACIONAL COM O ONE DIRECTION, MAS ELE NÃO DEIXOU A FAMA SUBIR À SUA CABEÇA ENCARACOLADA. LEIA O QUE ELE TEM A DIZER, DEPOIS ACRESCENTE OS SEUS PRÓPRIOS PENSAMENTOS E SUAS ASPIRAÇÕES.

"Cantar é o que quero, e se os que podem realizar isso não acham que é meu caminho, será um obstáculo."

E você? Qual é o seu plano ou sua ambição na vida?
....
....

Se você fosse participar do *X Factor*, que música escolheria para cantar?
....
....

"Há muita pressão para ser um bom exemplo."

Como o Harry pode ser um bom exemplo para os jovens?
....
....

Quais são as desvantagens de virar uma celebridade?

....

....

"Somos apenas cinco adolescentes normais se divertindo
e trabalhando muito. Tivemos muita sorte."

Por que você acha que algumas pessoas são bem-sucedidas
e outras, não?

....

....

Se você fosse formar um quinteto com seus amigos, quem
escolheria?

....

....

"Acho bom nunca pensar 'Estou realizado', porque é
importante continuar mudando seus objetivos."

De quais realizações da sua vida você tem mais orgulho?

....

....

Você gostaria de realizar ainda mais?

....

....

"Os fãs são incríveis. Não conseguiríamos nada sem eles."

O Harry agradece muito aos fãs. De quem você já foi fã até agora?

....

....

Qual foi a maior loucura de fã que você já fez?

....

....

"Nem todo mundo tem esta oportunidade. Nossa vida é incrível, e somos muito gratos por isso."

Descreva um momento em que você tenha aproveitado uma oportunidade ao máximo.

....

....

Por que você acha que o Harry é grato pelo sucesso que tem?

....

....

"Só queremos trabalhar muito, nos divertir e ver o que acontece."

Descreva um momento em que você tenha trabalhado muito para conseguir algo e tenha obtido resultado.

....

....

Você já pensou que algo seria difícil ou chato e acabou achando divertido e legal no final das contas? O que foi?

....

....

"Todos nós temos os pés no chão e uma boa equipe ao nosso redor. Além disso, nossa família dá muito apoio e também nos ajuda a manter a cabeça no lugar."

Em que momento seus pais, sua família ou seus amigos lhe deram apoio quando você mais precisou?

....

....

Cite uma situação em que você tenha dado apoio a um amigo ou parente quando foi necessário.

....

....

"Você nunca deve dizer: 'Estou realizado.' É preciso ficar sempre alerta, tentar melhorar e não ficar acomodado."

Quem lhe deu mais apoio na vida?

....

....

Qual foi o melhor conselho que você já recebeu?

....

....

Manchetes!

OS MEIOS DE COMUNICAÇÃO DO MUNDO INTEIRO ESTÃO SEMPRE PUBLICANDO NOTÍCIAS SOBRE O HARRY. MAS ALGUMAS COISAS RELACIONADAS A ELE, DEFINITIVAMENTE, SÃO DE CAIR O QUEIXO... VEJAM AS MANCHETES A SEGUIR: ALGUMAS SÃO VERDADEIRAS E OUTRAS, INVENTADAS. VOCÊ CONSEGUE DESCOBRIR QUAIS DELAS (AINDA) NÃO APARECERAM NA IMPRENSA? AS RESPOSTAS ESTÃO NAS **PÁGINAS 108 E 109**.

"TENHO 7 MIL NAMORADAS"

Sabemos que não faltam garotas querendo ser a nova namorada do Harry, mas ele realmente está saindo com 7 mil garotas?

☐ Notícia verdadeira   ☐ Mentira deslavada

"HARRY STYLES É BONITO DEMAIS PARA JOGAR FUTEBOL"

Apesar de querer jogar futebol nos EUA em um time de celebridades, os empresários recusaram por medo de ele se machucar, pois o Harry é bonito demais!

☐ Notícia verdadeira   ☐ Mentira deslavada

"ARANHA CABELUDA FICOU DE OLHO NO HARRY"

Um amigo pregou uma peça durante um passeio da escola para acampar, pendurando uma aranha cabeluda de mentira bem em cima de onde Harry dormia. Quando acordou e viu aquilo, ele gritou... e muito alto!

☐ Notícia verdadeira   ☐ Mentira deslavada

"HARRY STYLES VAI PASSAR A NOITE ACORDADO EM SUA NOVA CASA MAL-ASSOMBRADA"

Segundo esta matéria, Harry comprou uma casa assombrada pelo lendário assaltante Dick Turpin. Não só o fantasma de Turpin foi visto por lá, como se ouvem os sons do cavalo dele, Black Bess, do lado de fora.

☐ Notícia verdadeira   ☐ Mentira deslavada

"SOU ÓTIMO NO TRICÔ!"

Como forma de passar o tempo durante a turnê, ele aderiu ao tricô, para surpresa dos colegas de banda. É uma habilidade que o Harry aprendeu com a mãe.

☐ Notícia verdadeira   ☐ Mentira deslavada

"HARRY STYLES SAI COM JAMES CORDEN. SERÁ O COMEÇO DE UM NOVO *BROMANCE* ENTRE CELEBRIDADES?"

Parece que Harry quer ser o melhor amigo de James Corden.

☐ Notícia verdadeira   ☐ Mentira deslavada

"O CONTATO IMEDIATO DE HARRY"

Segundo esse relato assustador, ele viu um disco voador sobre sua casa quando era criança.

☐ Notícia verdadeira   ☐ Mentira deslavada

"PROBLEMA COM OS LÁBIOS DE HARRY"

Aparentemente, os lábios do pobre rapaz sofrem tanto com o frio que ele vai lançar sua própria marca de manteiga de cacau.

☐ Notícia verdadeira   ☐ Mentira deslavada

— EU AMO O HARRY —

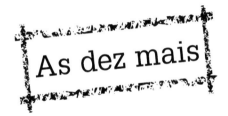

As dez mais

JÁ QUE O HARRY É O SEU GATO PREDILETO, USE O ESPAÇO ABAIXO PARA ESCREVER AS DEZ COISAS QUE VOCÊ MAIS GOSTA NO STYLOSO DA BANDA. A PERGUNTA É: COMO CITAR APENAS DEZ?

1.
2.
3.
4.
5.
6.
7.
8.
9.
10.

Respostas

Forever Young
Páginas 13 a 15

1. c
2. b
3. b
4. a
5. a
6. a
7. b
8. c
9. c
10. b
11. c
12. b

Mico!
Páginas 17-18

1. Mico de verdade
2. Fracasso falso
3. Mico de verdade
4. Mico de verdade
5. Mico de verdade
6. Mico de verdade
7. Fracasso falso
8. Fracasso falso

Favoritos
Páginas 26 a 28

1. b
2. c
3. c
4. a
5. b
6. a
7. c
8. a
9. a
10. a
11. c
12. b

Verdadeiro ou falso?
Páginas 29 a 31
1. Falso - Foi o Zayn.
2. Verdadeiro
3. Falso - Foi o Louis.
4. Verdadeiro
5. Falso - Foi o Niall.
6. Verdadeiro
7. Falso - Foram as calças do Niall.
8. Verdadeiro
9. Falso - Foi o Zayn.

Qual foi a pergunta?
Páginas 34 a 36
1. J
2. H
3. I
4. B
5. K
6. F
7. D

Todas as direções!
Páginas 54-55

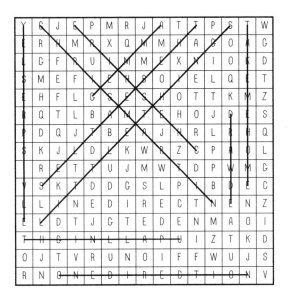

Como todo superfã sabe, EDWARD é o nome do meio do Harry, GEMMA é o nome da irmã dele e CHRIS MARTIN, do Coldplay, é um músico muito admirado pelo integrante do 1D. Harry nasceu em CHESHIRE e é grande fã do ELVIS PRESLEY e dos BEATLES desde a infância. *UP ALL NIGHT* e *TAKE ME HOME* são os títulos dos discos do ONE DIRECTION, E "LITTLE THINGS" é a música predileta do Harry no segundo álbum.

Linha do tempo do fã de verdade
Páginas 73 a 76

1. Abril de 2012
2. Justin Bieber
3. 1º de fevereiro de 1994
4. "Isn't She Lovely"
5. Melhor Single Britânico
6. Cerimônia de Encerramento dos Jogos Olímpicos

Superfãs
Páginas 77 a 79

1. História verdadeira
2. História verdadeira
3. Mentira deslavada
4. História verdadeira
5. História verdadeira
6. Mentira deslavada
7. História verdadeira
8. História verdadeira
9. Mentira deslavada
10. História verdadeira
11. História verdadeira
12. Mentira deslavada

Embora seja verdade que algumas dessas matérias apareceram nos meios de comunicação, muitos "fatos" que você lê sobre o Harry são apenas boatos. Não acreditem em tudo o que leem, Directioners!

Adivinhe quem é
Páginas 89 a 91
1. Raspar a cabeça para fins beneficentes
2. Ser advogado
3. Um boneco do Harry Styles
4. A cabeleireira do Harry
5. Zayn Malik
6. Chris Martin, do Coldplay
7. Liam Payne

Manchetes!
Páginas 100 a 102
"TENHO 7 MIL NAMORADAS" — Notícia verdadeira

"HARRY STYLES É BONITO DEMAIS PARA JOGAR FUTEBOL" — Mentira deslavada

"ARANHA CABELUDA FICOU DE OLHO NO HARRY" — Notícia verdadeira

"HARRY STYLES VAI PASSAR A NOITE ACORDADO EM SUA NOVA CASA MAL-ASSOMBRADA" — Notícia verdadeira

"SOU ÓTIMO NO TRICÔ!" — Mentira deslavada

"HARRY STYLES SAI COM JAMES CORDEN. COMEÇO DE UM NOVO *BROMANCE* ENTRE CELEBRIDADES?" — Notícia verdadeira

"O CONTATO IMEDIATO DE HARRY" — Mentira deslavada

"PROBLEMA COM OS LÁBIOS DE HARRY" — Mentira deslavada

Jogo dos Erros

Na seção de fotos

1. Está faltando o último botão do Louis.
2. O Liam agora tem duas pulseiras.
3. O relógio do Liam mudou de cor.
4. A base do troféu do Liam mudou de cor.
5. Está faltando o colar do Harry.
6. A flor do Harry mudou de cor.
7. O Zayn está de manga comprida.
8. Está faltando a pulseira do Niall.

Créditos das Imagens:
Capa: Stuart Wilson/Getty Images
Contracapa: KeystoneUSA-ZUMA/Rex Features

Fotos:
Página 1, Stephen Lovekin/Getty Images
Página 2, Steve Granitz/WireImage/Getty Images
Página 3, Al Pereira/WireImage/Getty Images
Página 4, Juan Naharro Gimenez/WireImage/Getty Images
Página 5, Brian Rasic/Rex Features
Página 6–7, Venturelli/Getty Images
Página 8, Startraks Photo/Rex Features

Este livro foi composto na tipologia Glypha LT Std,
em corpo 9,5/13,3, impresso em papel offwhite na LIS Gráfica e Editora Ltda.